Arkista

ARKISTA

Timo-Tapani Kunttu

© 2015 Timo-Tapani Kunttu

Kustantaja: BoD – Books on Demand, Helsinki, Suomi

Valmistaja: BoD – Books on Demand, Norderstedt, Saksa

ISBN: 978-952-330-277-8

Niinä aikoina puhkesivat kaikki syvyyden
lähteet, taivaan ikkunat aukenivat ja suuri
tulva levisi yli maanpiirin.

Surf`s up!

1.

Voitettu maa

I

Voimme uskoa mihin emme voi nähdä. Taivas
on jäävuorensininen, virta sininen puroja
kaikkialla, piripinta ilman terävää kulmaa.
Ihailevia kasvoja, muhevaa multaa.

Mistä emme voi vaieta, voimme puhua
rytmikkäästi, todistaa edistävän tahdin arville
rakastettuihin polviin, avarat leikkikentät
aidattuihin perintöosiin. Voimme laulaa.
Kurittomat tuulet ja koiranjalat voimme laulaa
pakkolunastukset, menopelit pihlajan alle.
Ruosteenpunaisessa yössämme voimme laulaa
pimeästä, joka ei saa koskaan palata.

Voimme uskoa. Maa on mykäksi poljettu polku,
lintujen äänettömyys lasten hiljaisuuden yllä.
Nyt savu nousee silmiin ja on oltava hiljaa ihan
hiljaa nyt, kun isä vahtii kytöä hiljaa. Nämä
jäävuorensiniset pilarit, purot virtaavat ja
virtaavat. Kaikki valmiina, aina valmiina vielä
kerran.

II

Jossain täällä karkaistiin rattaisto tositoimiin,
pakottavista syistä sovitettiin hampaat
hampaiden lomaan. Laskettiin jyvä suoraan
suuntaukseen, siemen odottamaan jauhinkiviä.
Jossain täällä päästettiin seitsemän vaskista ja
seitsemän kultaista, kohennettiin kituvaa tulta,
tähystettiin tulivaunuja. Seläkkäin hiottiin reikiä
parhaisiin pellaviin, puhkottiin suurempia silmiä
verkkoihin.

Jossain täällä on ilmoja pidellyt, leikkausrivien
ja loikkausjonojen pilvipoutaa. Vesi kielellä
tihkun muotoja, sihisevää ja kilkkuvaa
kestävyyttä molemmissa kupeissa. Jostain täältä
tänne jonnekin raajojen luonnollista poistumaa,
lajitelma evättyä jäsenyyttä. Säkättä ja
supliikitta, itku silmien takana ylivoimaista
tarjousta, ylittämätöntä nostetta. Salareitti,
kasoittain katoavaa mannerta.

Jossain täällä vaskikala, kultalintu, suu puoliksi
auki unohtuneena pyyntöjen ja vaatimusten
valveilla ja unessa. Ikuinen nuoruus,
nopeudensäätö, palautus virtaan.

III

Syntyi lapsi pienelle maalle maanantain selkään.
Seisahtuneeseen iltaan syntyi nälästä nälkäinen
ihmisen lapsi. Kurottui käsi. Ojentui sormi.
Lankesi hetken keveys laaksoon kivisateiden.

Syntyi sähkön lapsi aalloista, lapsi varmojen
voittojen. Syntyäkseen syntyi virheetön lapsi
kaikkiin kannattaviin tuuliin, tilavuuteen
kuiskaus miljoonasiipinen.

Syntyi kevään lapsi kevääseen. Kurottui käsi,
ojentui sormi, polvilleen sulkakäärmeiden suku,
siivilleen harhainvallan hallava karja. Yli kaiken
kelvottoman sattumista vapaat vedet.

Syntyi kuvankaunis lapsi päähän suorien
sarkojen. Yön sorrosta auringon palvomaksi
syntyi metallinhohtoinen lapsi mattapintainen.

Katso liput ylle korkeimpien lakien, kipinöivä
koi ylle mustien lippujen. Katso heijastus
kristallisilmään, katso kuuma kuumaan, viileä
viileään, valmiista valmiimmaksi katso uudesta
lapsesta uusin lapsi. Katso tahdon täysi kenttä,
salamansyöjä täynnä kättenjälkiä.

Katso, riista-aidassa on aukko, taikurin
samettiviitassa reikä. Eespäin, luomakunta
vahvaselkäinen, katso eespäin! Katso
valkeimpaan valkeuteen, katso häikäisevään
kertakaikkeuteen.

Tulkoon vaahtopäänä vapaus, tulkoon tekemisen
meininki ja vauhdin hurma! Tulkoon
sateenvarjoja, uppopumppuja ja
aurinkolamppuja, tulkoon pidempiä jalkoja
karusellikoneille, kääpiöille kumikenkiä.
Tulkoon tekemisen meininki ja vauhdin hurma,
väsyneille lepositeitä, väsymättömille sitova
sopimus!

> Näiden lippujen
> valtuuttamina, näiden
> täysikuiden alla, tässä
> kananverenkarvaassa
> äitiyössä olkoon onnen lahjat
> tasan jaattu. Maailman reunan
> kauhea kohina karjaportin
> takana.

Kaksi kutakin

Kesken viikon
kaukana siitä
kun mitään
uutta
mitään
kun
siitä
kaukana
viikon
kesken
heräsimme
unien vuoksi unia
seuraamaan
ihmistä
katso
ihmisen
kuvajainen
sauvoihinsa nojaa
nukkumakotien välissä
käymätöntä väylää
merkitsee
ylös

I

Niin se oli, lykkyä tulvillaan ennen kaikkea, tullut siivoojien kanssa samaa matkaa. Syli avoin valmiustila ilman muuta, kahvin ja saippuan retorinen kysymys. Tieto on rauhastoimintaa näissä puitteissa, sanojen suhteet luottamuksellisia. Sisätila kumisee kolikoiden lisääntymislogiikkaa, mahdollisuutta jättipottiin. Vipu on vääntämistä varten: tässä kelluu, tässä ui. Tässä ottaa rohkeasti univelkaa, tässä navigoi tuhannen tutkalla, kun määrätietoisuutta kaivataan. Niin saimme enemmän kuin osasimme toivoa, saimme kaiken tarvittavan. Saimme katsoa peilityyneen.

Saimme tietää, miten kehä kaartuu. Siksi nämä
moottorit, siksi nämä menetelmät. Siksi
pyytäjän päivät. Siksi viikko raivoisalta viikolta
varistaa hampaansa, hulmahtaa maatuulena
kelloporteilla, hilseilee selontekoja harjalta
toiselle, laittautuu lakikorkeudessa klassiseen
poseeraukseen pitää hetken
tohvelieläimiä
pelon
vallassa havaitaan paljaalla
silmällä testaa jalkoja pintajännitykseen,
ponnistaa naapurivahtien syyllisistä unista,
taklaa hätäviestin ja harhaluodin, tarkkailee
liikettä puhkotuissa ruumiissa. Rosvo, narri ja
miljoona hyötyeläintä. Ei nimeksikään
yhdennäköisyyttä, jos kysytään.

Saimme pitkän ilon satulan ja vihreän aallon
virka-ajoon, kulmille kuusta meren ja poskille
sateenkaaren värit. Saimme anteeksi lakitetun
karhun ja mustat huulet vapauden nimeen. Kun
mikään ei liiku ruudulla, katsomme sen yli ulos
kaikki yhdessä, yksi kaikissa. Jokainen virhe
korjataan. Pöly pinnalta, luut pinnan alta.

II

Siksi nämä rapistuvien vuokrasolujen välimatkat, alati keinuvat, alati kapenevat, lapset varhain viisastuvat. Että aakkoset järjestetään aina uudelleen eikä ole sellaista pimeyttä kuin on pimeys sähköjen katkettua väestönsuojassa. Että yleisöä tai ei, elementtien jäähyväiskiertue jatkuu aina vain, aina vain joku mylvii kestosuosikit kumoon, potkii nukkujien seiniin ontuvaa rytmiä, viedään pois. Täällä kysytään sisäistä kauneutta, jonka kalansilmät näkevät sulkeuduttuaan. Kuinka kyykistytään sulavasti perimmäisten kysymysten äärelle kun jalat eivät kanna, rukoillaan sormet ristissä, neuvotellaan tosiasioista vihaa pidätellen. Heltta heiluen kieutaan meret halki, joustavat maksuehdot, halvempi malli, yksi he-le-ve-tin hyvä käytetty ja kuka teillä tekee päätökset. Miljoona maksuerää, miksei. Tänään kotona on pannu valkoisenkuumana varttia vailla seuraavaa saneerausta. Että villapaitainen, nahkatakkinen ja sopivasti nälkäinen se, joka täällä hampailla hymyilee. Sänkipäästä kantapäähän kaupparatsu, köysikaula kaupparatsu kuin siroteltua tuhkaa. Että Isä meidän joka oven takana ja äiti sen yhden, jota tietää varoa. Samassa turvassa, saman vuoren katveessa haukkovat henkeä pelastetut.

Oletko nähnyt satametristä matelijaa? Ei
osaa lausua mitään eilisestä arkkimasuunin
jälkilämmössä, mutta istuu ja rakastaa,
osoittaa takajaloillaan suosiota
lajityypillisille ominaisuuksille,
ähkien seuraa
viittoja
oikeaan
kammioon, uppoutuu
kosteisiin olkiin, on elinvoimainen.
Jos haava on liian syvä, siitä on lupa
äänestää suu, joka toistaa kertosäettä
virheettömästi. Täydellisessä akustiikassa
vaikenee täydellisesti kiristävästä taljasta,
rytmihäiriöistä ja lämpövuodosta,
kertakäyttölavasteista, joita ei vaihdeta.
Yhteisestä syntyperästä, arvoisat
matkustajat, lähestymme valon nopeutta.
Olemme vakuuttaneet taivaalle satavat
tähdet täydestä arvostaan, ansainneet
aitiopaikkamme ensimmäisellä nuotiolla.
Köydet irti riemumme rajaton.

Tapahtuu seuraavassa jaksossa. Nuori peto kaikilla ovilla käynyt, isoa kenkää ja pitkää naamaa, haalarin taskussa insinöörin risat rillit. Messinkiauringon alla kyntää tulvapeltoa kiireettä, tietää ettei sarka lopu kesken. Äänestää jaloillaan jatkuvuutta ja välttää replikointia, vanhan koulun kasvatti. Huutakoot eukot ikkunoissa, akat ounastelkoot ruukkukukkiensa juurella. Muijat kuorsatkoot koivet levällään kattohuoneistoissa, täysin rinnoin nauttikoot syntymättömistä sankareista. Tapahtuu seuraavassa jaksossa. Aamutuima ohittaa Levottoman Lenkkeilijän, aikataulussa loskanpaisumus ja madaltuva rata. Messinkiauringon alla lasketaan ääniä tapauskoville, taas joku luonut vetisiä vilkaisuja porttikonkiin. Eilen antautui ehdoitta ja tänään pakeni savurenkaiden läpi paria vailla, jätti jälkiinsä kimpaleittain lihaa. Kaiken yläpuolella ylpistynyt haaskansyöjä kääntää päänsä, selvittää kurkkuaan, joikaa vanerikaupungin katot. Tapahtuu seuraavassa jaksossa.

III

Niinkö olisi kitsautta, että pelkkiä saatavia,
ainaista köyhyyttä. Rappiotila mittaillaan turpa
kiinni, tähtiputki tirkistellään molemmista
päistä. Kylät käydään käydyiksi, kun miehet
ovat metsällä. Neuvottomalla hetkellä ennen
toisen lumen tuloa sydän jyskyttää hidasta junaa
pitkin kuun profiilia, vetää vieraita varjoja
takaisinmaksusuunnitelmille.

Toisekseen. Joku naputellut aikansa vääriä ikkunoita, mennyt mykäksi viereisissä huoneissa. Kytenyt liian harvassa ketjussa, omistautunut syville virtauksille suorin vartaloin. Räikyvän punaisena huuhtoutunut itäisimmälle ostarille, kaikki lupaukset pettäen näyttänyt käsi ojossa elonmerkkejä. Istuu nyt nurkkapöydässä aavan meren tuolla puolen, levittää hienhajua reippailijan uniimme, viimeisiin nakkikioskijonoihin änkeää jankkaamaan pohjattomista kurimuksista ja reilusta pelistä niin eläville kuin kuolleille. Ensinnäkin, ettemmekö olisi pitäneet sanamme, paikkamme, purreet hampaat läpi huulesta. Yhdessä vahvoina pitäneet paikkamme, me kovan linjan odottajat, maistaneet saman raudan välissämme avaruus.

Avattiin kokous, todettiin sen laillisuus ja
päätösvaltaisuus. Hyväksyttiin työjärjestys,
tarkastettiin edellisen kokouksen pöytäkirja.
Vaihdettiin reseptejä, nimettiin varkaat ja
huorintekijät, muisteltiin maailmanloppua.
Luettiin yhteinen julkilausuma, kummia sieniä
kypsyy laipion takana. Keskusteltiin
jäsenasioista, päätettiin kokous, hävitettiin
ruumis.

Vai
oliko
parempia
ehdotuksia

I

Lakkaa tähyilemästä. Kellosi käy ilmataskuaikaa,
ruodossasi rätisee hukkasähkö. Et ole tulossa
muotiin, et menossa mihinkään. Et ole torstain
toivottuja, et tiistain pelättyjä, et suljettujen
osastojen hyveitä, et ihmisyyden teoriaa, et viljelyn
alkeita. Et syytä oppia, et syytä muistaa.

Sinä olet tölkkitaajamaan torpattu pellonraivaajan
lapsi. Temsteriin dumpattu uusiutuva luonnonvara.
Kaikkitietävä kuokkavieras vesihiihtokilpailuissa,
silkkaa taidetta jo syntyessäsi. Sinä olet minä ja me
oltiin täällä vääntöä ja volyymia, lipsuntaa siteissä,
väljyyttä helyissä, virtaa virtaamassa muurien yli,
vapautta valumassa aitojen ali. Ja tämä yö, joka ui
alkeisselkää pääkatua pitkin, kiertää maha muristen
syöppöjen sairasvuoteita, nakertaa vuotoja
hurskaiden pelastuskapseleihin.

Voi kadonneen maan pälpättäviä agentteja,
kuumeisia yhteysyrityksiä korkeissa komeroissa.
Tänä yönä ei välitetä, tästä yöstä eivät viestit kulje
ulos. Sinä olet minä ja me oltiin ovella, pihalla,
radalla ja radan väärässä päässä, missä siluetit
astuvat. Mikä nyt olisi viisautta? Ladata, tähdätä ja
todeta, semmosta se on.

II

Hitaasti, rävähtämättä painuu alligaattorin
punainen silmä pinnan alle. Me nauretaan kuin
ei mitään, puhutaan takki auki siivettömistä
hevosista ja annetaan sulaveden valua
nenänpäästä verisille hampaille, me Perjantain
pelkäämättömät pojat. Me ei laitelentäjiä
kadehdita. Voit olla varma, että ne höpertyy
hapen puutteesta, unohtaa uhrata ja syöksyy
tuhoonsa, näihin maisemiin. Eikä varikset ja
pulut siitä paljon häiriinny. Ne yskii ylistyksen
selkärangattomille ja viis veisaa, lajinsa
mestarit. Ja vaikka meidät olisi linkitetty
kadonneeseen export-funktioon ja äitiaurinko
sivaltaisi tulosvaroituksella taivasyhteydet
poikki, ei me mitään pelättäisi. Sukumme polvet
sinnikkäästi erillään meitä yhdistää ja onnelliset
laumat, jotka juoksee tähteet pitkin kujia.
Maalliset myöhät on pitkiä ja meidän, yksi tietää
kovaan ääneen kohti kuuta. Meillä on varaa.

Tonight! puretaan turha toivo varaosiksi
vaateriin häntä ja automaatit tyhjiksi Tonight!
noustaan tyrmäävänä vaahdosta pirskahtelevan
neitseellisesti hedelmöitytään tuntemattomista
syistä turvotaan ja haljetaan Tonight!
mahtiponnistetaan paljetit pöllyten rasvatuille
trapetseille vaakasateen kainalossa pudistetaan
päätä hurrikaanin silmässä heristetään sormea
Tonight! vannotaan katuvaloja tiettömään
pimeyteen huudetaan vetovoimat hiljaiseksi
kysymysmerkeiltä kivireppu selästä omaan
kaivoomme Tonight! pidetään peruskalliota
pystyssä maksa romuna ruokitaan korppeja
Tonight! Ragnaröökii & raakaa Rajaseudun
Kutsuu! Kuninkaallinen pokeri tai sulkasato
kylmän kaasusäkin koronassa Tonight!

Tilanne on päällä, kuunaama pullistuva, näköala
kallistuva, reunan yli kirkuva ryöppy.
Kahdeksan kaviota iskee kipinää taulapäihin,
savuvirrat juoksevat tyhjenevistä keuhkoista.
Kaunis kerubi verkkosilmä, kuinka monta
kutistuvaa rippipukua tarvitaan tähtien
sammuttamiseen? Mustana valkeaa vasten
nuuhkii tuulta kolme koiraa ja yksi.
Varoittamatta rehahtavat portot kielettömään
nauruun.

III

Vierii, kierii, kutistuvin kaarin rajojaan kiertää
kruunu, itseään kiertää, pysähtyy. Valtakunta
armeliaasta heijastuksesta! Kaksi suloisesta
surmasta! Kolme kauniista kalmosta! Arvotaan
seuraava numero, sopimusten aika
kohtalokkaaseen loppuasentoon, palopuheet
suolaisilta huulilta sivuttaiseen. Kylmiä ovat
katseet väärissä pöydissä, kylmää hiki
mittareissa uuden kuun alla. Kulje nyt varpusen
askelin, kun korskea vaihtuu kankeaan, rento
hoippuvaan, valloitusretket taskujen tongintaan.
Ylitsevuotava ylitse vuotavaan. Vie käsi otsalle
varoen, tähtiin on kirjoitettu jotain naftalla.
Häivytys punaisesta mustaan.

Missä mahtavan tammen foliovalo lakastuu ja
muinainen kymi hortoilee ohi uomansa, ajaa
puhdasrotuiset reviireiltään ja mopot meren
rantaan yli yön. Missä komeetat vaihtavat
suuntaa, pirskovat pellolle itkuisia ikämiehiä,
ryppyisiä kaksikymppisiä. Vain rauhaa tahtovat
kärsimättömät maahanlaskujoukot, vain
rakkautta sovittaa ja lainareikiä nahkaan, kaksin
käsin pehmittää osansa kovuutta. Missä
jäähyväiset eivät taukoa, aina viimeistä iltaa
hämäränä siinä pimeässä tanssitaan. Hyvän
huomenen tulikivenkatkussa lampsitaan
kuolleen kissan jäljet minne lie.

Semmosta se on. Raivostu melkein hereille, näe
kaikki kahtena lisääntymiskyvyttömänä,
korahda uusi sarake kirjanpitoon. Toisin sanoen,
löysi untuvin päällystetyn polun yli geologisen
pahoinvoinnin, poikkesi sienten viereen
katsomaan pikkuisen taivasta, oksien lomaa.
Häipyi ennen häviämistä, ikuisiksi ajoiksi
ilmestyi pois.

Jos ja kun ja jos kaikki voitava on tehty, kaikki
varjot todettu vaarattomiksi, tuijotamme
kattoon, kuulostelemme rahinaa. Tutisemme
myrkkyhampaan vaatimattomaan hymyyn.

2.

To Boldly Go

I

Autio katu
autio
suoravata
suoratavata
ryömin
täkaista kyn
net veressä tul
kita kii
torata siivettömille
runkotie
syyttömille autio
katu autio
pitkässä juoksussa
lyhyellä tähtäimellä
terveiset lapsille
verhojen raossa
valmius
väijytyksiin

Aamu aamulta rikkumatonta pintaa, hopean
välkkeessä toistuvat taivaan merkit ja pari
etäisesti tuttua ilmettä. Muistamme toisemme
viiksekkäämpinä mustavalkoisessa satamassa,
piirongin päällä hampailla hymyilevänä
hurjalistona, syvään kynnetyillä veljennaamoilla
tuhat tomumaljaa. Mitä toivoisimme? Ihoa
iholla pimeässä, levottomia kangastuksia
vuokrakasarmin seinillä. Kuka lakaisisi
sirpaleet? Laivat eivät tule, mantereet eivät
nouse. Emme voi odottaa.

Hämärtyy pimenee. Linjat venyvät
tuntemattomille seuduille, suorina näyttäytyvät
selviytymisen uhrisavut, suoraselkäisinä
matkustavaiset. Sylissä puhtaat kädet ja
koirasusitalvi, jälleen uusi haluava kaluava,
neulahampainen pentue, lähetyshäiriöiden
hävittäjälentue matkalla iltojen iltaan.
Aikalukkojen takana pelkkiä seiniä pahimman
varalta, käänteiden etumerkit toisiaan vasten
nojallaan. Kuka täällä sättisi ja syöttäisi tuoretta
leipää, pelkäisi värvääjää?

Kotiin kotiin, koneet huokailevat voittoisaa
kantaa. Ovet sen ja tämän välissä avautuvat,
sulkeutuvat, kissat huutavat kuin ihmiset silloin
kun ne kynsivät toisiaan. Pyytämättä avautuvat
sulkeutuvat ovet, reitit suolavesille, hyytävät
sivujuonet onnekkaille harvoille. Koivukujalla
nähtiin vieras kulkija, taukopaikalla
mahdollisuus metsän peittoon. Tavara
toimitetaan, läpäisykyky ja yksimielisyys
jokaisessa alkeishiukkasessa, nuppi kuurassa
tunti ja 40 vuotta eikä edes kahvia kerinnyt. Sen
ja tämän välissä hämärtyy pimenee, jatkuu ja
alkaa hitaampi tanssi. Tiedetään että jossain
tihuttaa. Siellä siunattu rauha. Siellä satumaa.

Niin edullista on elomme, se tiedetään. Niin
maltillisesti hinnoiteltuja arjet pyhät, kansipaikat
ja kumihanskat näinä ihmeiden
piikkilangattomina aikoina. Niin huokeita
huomiset hermottua syöpäläisten kääntöpiirin
tuolle puolen, pelastautua niin pitkälle kuin
liekaa riittää, sataa hyvin poljettua vettä kuiville
kaduille, ryömiä koiranovesta, kinkata
lattialuukulle. Niellä nuhteet hengen pitimiksi,
hymyn vetimiksi luennot riippuvuuksista ja
solmuista. Kukin tanssittakoon enkeleitään
tavoitettavissa, kuuden askeleen päässä se
tiedetään. Laske peukalosi, auringon kiertäjä,
laske peukalosi nyt. Minkä silmä kantaa, sen
jalatkin kantavat.

Niin on vallankumous ohi, niin usko uskoa
ilmaa kevyempiin tanssikenkiin. Niin
hukkuneen maan paino tuulen ruokkimassa
ruumiissa, kun kiusalla heiluu viikon, pari
päiväysten jälkeen. Myöhäistä kai näin varhain
kiihtyä, surra ikuisuuksien sameita silmiä,
lähivalovuosia papintappajan allakassa. Tie oli
seinätön lattia, kelloton seinä kävi katoksi, se
tiedetään. Niin edullista eloa, niin joka hetki
alkuräjähdyksestä mainoskatkoon kannattava,
kun herää yhtä aikaa lintujen kanssa, herää
hetkeksi kuin syntymäsiivekäs. Mutta kahdeksi?

Sikäli kuin ei vähäisinkään hanke pääty, sikäli
kuin ei valokaan pakene, jossain soi. Tutkat
hämääntyvät, porat ruhjoutuvat, vahva teoria
viipaloidaan ja käännetään maton alle, heikko
työntäytyy rasvaisiin hormeihin etsimään valoa,
jännäämään voittavaa yhdistelmää. Kun lämpö
on kytketty päältä ja pakkanen tallentanut
nurmeen viestin, kun lukee vihaiset rivit
tarkkaan ohi, syksyt keväät kuin pilviä
taivaanraosta. Pimenee. Hämärtyy. Jäljet
vaalenevat haalenevat, lakkaavat kiristämästä
kauluksen alla.

Todistetaan sorsat helisevään sulaan, jo laulaa
valoristeyksessä itämaan ilolintu kolareita.
Alkavat jälleen hilpeän hölmön päivät tulkita
veitsi kurkulla kohtaloksi, perinnönjaossa
torailtu omaisuus omaksi. Siinä sivussa jokin
hopeanhohtoinen ja hilseilevä lähdönteko
hengityksessä rohisten, sokea piste venymässä
viivoiksi silmäkulmiin.

Sikäli kuin pyörii ytimensä ympäri, sikäli kuin
vielä on liikkeessä henkensä edestä, routii
kovaa, puskee aurarautaa, jossain soi
sinnikkäästi. Mitä voi nisäkäs tehdä unessa
ovella ilman paitaa, saa kutsun sirkukseen.

II

"Ota taivas, löydä maa!"
En tullut kärkkymään vuoroani, en osallistumaan karsintoihin. Tulin lentäen leijonan selässä, herätin höyrypillillä sen krokotiilin syömän, laitoin kaverin kävelemään. Kenelle sanoisin: katso näitä käsiä, katso käsien läpi. Huvi huumaa, jahti kiimaa, arvotaulu aavistuksen vinossa ja silkkiverhot sopimattoman auki. Ikkunassa muuttumaton maisema. Viilettävät pilvet, ei niistä saa otetta.

"Olemme valmistaneet meren käytäväksi."
Kirkkaana toistuu aaltojen prisma, terävinä piirtyvät sateenkaaret kuin ankeriaat, mustin saappain ramppaavat nuorukaiset edestakaisin, edestakaisin. Missä on pelto, on meren paikka. Missä on meri, on pellon pohja. Rämpyttäkööt vieraat halpoja kitaroitaan, saattajat supiskoot kolinasta kannen alla. Arkeologit itkekööt taivaan kappaleita, kalojen kirjoittamatonta elämää.

"Sinä siellä elukoiden keskellä, meillä myyntikutsut."

Miksi näkisin halki pitkän yöni pimeässä peilisalissa, kun liikkuvat tulet, jatkuvat toiset lajit näkökentän laidalla. Kuinka sadekauteni voisi kasvaa muuta kuin viitteitä viiden sarjoissa, marginaaleihin kukkia ilman varsia, harvenevia rivejä. Kuinka mitä näinkin lävistettynä kuuluu ei ole ajan kysymys. Kun en kohota kättäni. Kun putoan vaatteistani, liityn parveen.

Koirat juoksevat
yli joen ja maan kaiken
voipuneiden jumalten
hiljaisuus

Väitetään, että joelta tuulee. Että kuu on pudottautunut ja
polttanut hehtaarin turvetta, kiehauttanut sokeaksi
suonsilmän susirajalla. Maa repäissyt berberinsä auki ja
syössyt litran laavaa naapurin raparperipenkkiin.
Harjoittelemme uupumatta sitä vanhaa, syvän matalan alla
kyyristelemme näköesteeltä toiselle, värisemme räpsyvän
valon alastomuutta. Kysymme mitä puuttuu, kun tämä jää
kesken.

Muka laihtunut, vaikka on vain toistuvasti hiljaa melkein
kuten luonto tarkoitti. Käynyt muka kaukana, vaikka on
vain tullut keskitalven tavaravaunuja myötävirtaan
voimistellen, enimmät rimat limbottuaan alkanut hallitusti
taipua. Livahtanut ohi kellojen soimatta, pessyt tukkansa
ja asettunut outoon valoon vaikenemaan kaikista niistä
jumalauta mutkista, suorista ja koiranunista. Siitä lapsena
hukkuneesta ja rannalta löytyneestä, joka edelleen virittää
lankoja, näpistelee sointuja pisteestä C pisteeseen D
kaiken maailman hiirenkorvien kautta ja on kuulemma
laihtunut.

Väitetään että joki on liian leveä, jätit laskeneet taakkansa.
Että tyhjät arkit uppoavat verkalleen liejuun eikä yhtään
liian aikaisin täyttyvät piiput kukilla. Rauha syvenee,
mutta periksi ei anneta, ikinä. Isä sanoi niin ja iskee silmää
pelkääjän paikalta. Mitä tummenevista maitohampaista ja
aamujäykkyydestä turhissa lihaksissa. Mitä nyt eilisen
heikkouden haamukivuista, kun pullot rikotaan rantakiviin
ja laulu raikaa naakantäyteyden alla. Vielä vihmoo
kaupunginlaidalla halpaa menovettä kevätjuhlien aikaan,
vielä löytää urhea Lassie melkein puolet tovereista ennen
vihreää tulliasemaa.

Siipiä vai sulkia? Yhden taikka kahden merkin unikuvia
kätköjen unohtuessa improvisoituihin iltapäiviin,
tulipallona tietää sarastusten sarastusta niin kuin enkeli
putoaa kohti vaihtuvien urheilutulosten pimeää ainetta.
Loistavasti nähdä läpi silmien reikien, rullattu ulkoavaruus
ja tähdet askartelulaatikon pohjalla. Olen uskonut
painovoimaan, kaatumatautiin, muuttoliikkeeseen, uskonut
tanssin alkeisiin Suuren Telttapalon tuhkissa. Ura syvenee,
joku syntyy saappaisiini, hokevat että se on laihtunut.
Valttia nyt vetreät polvet ja harkittu puhe, lintu
horisontissa lintu.

Joelta tuulee, takki naulaan ja uutisia kenkiin. Ruokaa
pöytään, kun yötä sirklataan illasta, huovan ja maitoliiman
tuoksuisia unia. Pallopelit loppuvat ja alkavat, ohiammutut
keräilevät aikansa käpyjä kaloille, käyttövoimaa
paidanhelmaan. Tiedossa on aurinkoista
pimennysverhojen läpi, verannalla eräs lauantai. Pienet
ihmeet käynevät kyllä ja taivon laveat tiet puoltaville
töppösille.

Joelta tuulee, liput liehuvat, väittävät että voitimme. Miksi
viivytellä hirmutöissä? Koska pilvimatto halkeaa ja
lopputulokset ilmoitetaan maanpiirin pitkävetäjille? Koska
mustat aukot höyrystyvät ja on perihiljaisuus? Koska
emme muutakaan, lupaamme huomiseksi mahdottomia.
Seisoa puuskassa käsin, nähdä varisten kesäunia.

3.

Kuinka maa tavataan

Näyttäisi nuokkuvan ylimmillä oksilla, odottavan suupalaa mykkänä yhä. Häntä koipien välissä pidättävän henkeä vesijättöjen päällä, mulkoilevan vikuroivaa liikettä, maan askeltensa alle pölisevää. Noinko vain kukkisi uuden elimen? Yöration huminassa alkaisi erottaa puhetta auringon yksinäisyyksistä ja sitten kuun. Uskaltautuisiko noin vain edistyneempään astronomiaan, laskisi perstuntumasta kiertoradat, voimat ja vektorit? Luoteella ylittäisi tiettyjen tosiasioiden meluvallin, uiden ja kahlaten, ryömien ja rämpien seuraisi villejä sanoja. Juoksisi, lentäisi raskauttavien asianhaarojen välin, siipirattaat rutisten räpyttelisi vedet silmistä. Noin vain tulisi tulokseen, olisi noin vain ollakseen. Ja huolestuneet haravoidensa takana katoavat kun se näyttäisi katoavan, horjahtavan painottomuuteen pyrähtävien lintujen välissä.

Tästä on menty. Uurrettu uraa iän kaiken, kiskottu kaunista
tykkiä kaulaa myöten mudassa. Työnnetty terästetyn lihan
hyökyä lankeavien tähtien alle, tehty kunniaa sulkutulen
tuhmille jumalille. Pelottomien loisteessa hullaannuttu pitkään,
tummaan muukalaiseen, haaveiltu salaa valapaton
silmittömästä vanhuudesta, leivän läpi ammutusta. Levätty
kuten käskysanojen välisissä kaivannoissa levätään, hampaissa
pilli tai ei mitään. Kuultu kuularuiskuissa lasten nauru, nähty
kovassa kiireessä pillastunut heijastus. Tapailtu armoa vieraalla
kielellä, löydetty vain juhla-aterioiden tähteitä. Ryömitty maha
halki poikki kiiltomatojen galaksin. Annettu anteeksi kaikki se
sotku ja häiriö. On ymmärretty: useimmat kraatterit jäävät
nimeämättä. Kokardi takaraivolla kavahtaa kahdelle jalalle se,
joka hukkasi lasikuulia luumupuuhun, pilvenkorkuisessa
heinässä kietoutui leikkien hämärään. Karanneiden sukkuloiden
öinä repi kuteita seuraavaksi vuodenajaksi, odotti rauhassa
viluista aamua, outoja painanteita orapihlajalla, supattelua,
"tästä on menty". Ja menty siitä on.

Kun puuratsut laukkaavat kaukaisuuteen, perilliset hyvässä uskossaan toivovat vain parasta eikä lääkäri enää vastaa. Kun vältettyjen tuomioiden yöt taittuvat alta pakonopeuden ja kainalossa yhä useammin oireilee viimeisen näytöksen käsikirjoitus, ruosteinen ja rihlattu. Kun on nurkkiin kertynyt tarpeita vielä yhdeksi loistavasti puvustetuksi tulevaisuudeksi, yhdeksi hätäiseksi ihmisiäksi tuhlata puuteria, heittää ulostetta sisäkön silmille, tulla lämmöllä muistetuksi. Kun seisoo vereksen kuopan reunalla varpaillaan, lanteilla uusi keltainen huivi ja otsa täynnä näppylöitä. Rungossa rivo ryhti, vapautusliike kuten se luonnossa tapahtuu ja kansanopistossa. Kun gravitaatio on jo heikko voima, kuka silloin kadehtii maasta nostettuja, taivaasta riippuvaisia? Valitse mikä tahansa kalkittu huvila minkä tahansa purkutontin yltä. Näytelmän voi aloittaa milloin vain, "Kuolemansa aattona hän otti nuoren rakastajan".

Juuri maassa maasta ratkottavaksi, aamu yössä yöhön
karattavaksi. Paraatissa monttu auki, pilvet näyttävät lupaavilta.
Altis on kuhina, kaikenvihreä kahina loppukevennyksen edellä
ja kun sade yllättää, savuavia hiutaleita, sulaa vahaa. Vain
ihmeitä ratkaisevien voittojen jälkeen, ihmeitä vain kun kiintiöt
on täytetty. Paratiisin puut kumartuvat navakkaan nauruun,
tähtipöly temmataan nuokkuvilta toppauksilta. Se on tuima äiti,
joka puhaltaa kolikot kuninkaiden silmiltä ja alkion onttoihin
muniin, nostaa keräilijän katseen ruudukon yli ja ärjyy: "tämä
kestävyys halki!" Niin käy mistä on jatkettu, kun putki katkesi
ylivuotisiin kukkiin, yllytty tuliseen tangoon, kun kävi käsky
rynnäköidä. Pyydetty hieman lämpöä ja lapsuudenmuistoja
kesken tilaisuuden. Jo kasvaa piennar, jo näkyy mikä
näkyvyydellä peitettiin. Niin käy, edessä on tuttu ovi. Se
aukeaa hiljaa.

Saatu tyhjä taivas kyyhkyistä ja korpeista, päivästä toiseen
saatu ja annettu sammakkomiesten vaeltaa hautasyvänteisiinsä
evoluution perässä. Keksitty kuvanlaatu ja susiruma yleisö,
märssykorissa kärttyisä silmänkääntäjä edessään suuri
harppaus. Tilaa valkoisen ja mustan kihinässä. Tullaan toiseen
nälkään, kuolleeseen kulmaan ja neljään raajaan. Vallattomaan
kumoukseen.

Kevätmuotia

näkyvistä
näkyviin
täyttä
laukkaa
yksi silmästä
silmään kaksi
kuin torni Yksi
nälkä vanha leveä
ja luvaton Kaksi
korkea
aika
armoton
aukeama
suojassa ensimmäisen
pultsarin liverrys nouseva
merkki
eläinradalla
helvetinkoneessa
pari
ruostekukkaa

Kevät sokeiden satelliittien alla versoo retkottavia räystäitä,
hylkytavaran auringonpuolelta kuiskauksia suuresta
haaskasta, hajalle lyödyn taivaanvahvuuden kaistaleista
tiedotteiden jälkeen. Hälyllisen monologin vaimettua
kovaääniset räpyttelevät mustia silmiään elintilojen
hämärässä. Veljet siskot, villit, tunnetteko vuororytmin?
Yhtä kaikki veräjien pauke puhurissa, kylvämättömät
peltomme korottavat ääntä.

Veljet, siskot, öljytkää päänne! Murtuneet ovat soittimet,
piirityslaitteet murtuneet, arkaaiset illat täynnä nuotteja ja
nuotinvierustoja, täynnä hillittömiä, hillittömiä
juoksutuksia. Kuka pidättelisi kiljuntaamme? Kuka estäisi
kumoamasta kalteristot, huhut sijainnistamme, kuka
ojentamasta käden käteen kohti vapautta ja perikatoa?
Myöhä mullistuu aikaiseksi kun ei muuta voi. Kuun uljas,
arpinen vastarinta lipeää sammuneiden sähkökirjainten
kourasta, osoittaa udusta paljaan tien. Kuka nyt ei puhkeaisi
toiseen kieleen, jyrkkään käännökseen ihmiseksi.

Niin kävelet suorana vihreistä vesistä. Savimailla istutat paljaaseen naamaan varhaisen sätkän ja ikään kuin pimun heti kainaloon, seisahdat syvään kun kellunta menettää kannattajansa ilman varoitusta. Maansuunnan tunteaksesi, tunteaksesi veltot purjeet sormiesi välissä tarkkaat päivänkoitossa tärisevää tanssimalähiötä, tilaa nukkua viileissä lakanoissa, pyhiinvaeltaa lautatarhalle ja ratapihalle, olla intiaani yksinleikeissä ja hyräillä alvariinsa. Osaat jo päätellä langat, korjata siirtymiesi ja sijamuotojesi punasävyt, jatkaa iisimmin. Totisesti, olet Huiman Mojon sukua.

Aarteesi surutta hassattu ilmaherruus, myllyntäydeltä
kuohkeampaa betonia kenkiin. Syitä noutaa illan kiepistä,
hyppiviä harakanvarpaita myöhään yöhön. Olet tehnyt mitä
olet voinut, kiitettävällä ahneudella tointasi harjoittanut.
Könynnyt pahvietäisyyksien yli keskelle höyhenen keveää
kolmiodraamaa, pää kenossa kiikkunut pilalle ikimuistoisen
kuvion. Läpimurtoja tehdään avaran kaakon laboratorioissa.
Sukupuuttoon työlääntyneet pukkaavat hikeä asfaltin
pintaan, poikivat routaporsaita menestyksen tielle.
Murtaudut jalat sätkien liian lähelle tulta, paljastat
ammattilaisen monta mustaa hammasta, kysyttäessä vastaat:
"oni."

Ulvonta lakkaa, ajokoirat saarretaan, verkkainen väki
syljeskelee siemeniä toimituksen jälkeen. Kun ilmaherruus
on mennyttä ja harhapolut oraalla etumatkasi poikki, sen
heleän arven verran on syitä nousta.

Lisää valoa. Tähtiin ripustettujen tornien raunioita, yhden ehjän ikkunan pirstaleita. Tuot palaneenkäryä taskuissasi, sammuneenhajua, tuot turhia uutisia ja kaiken mitä tarvitaan. Lisää valoa. Jokin sinussa hyräilee, jokin visertää. Muistat karkotetut, iltapäiväbussien vaiteliaat aateliset. Silmät, joiden hehkua et ymmärtänyt. Lisää valoa, täyttyvää maata. Alaston siirtokunta tanssii terminaattorilla, kuin dervissi tanssittaa vanhus luuta ja nahkaa kunnes vain nauru kuuluu. Lisää valoa! Eivät lehtisavut ja mäkikorttelin kirjavat leijat, ei mikään häviä vaikka hämärtyy, on pihatie, on kolme fosforoitua sanaa kuskille. Muistamme kerran seuranneemme tuntematonta pidempään heinään, paenneemme ajankulua. Tänä iltana, iltasena, hiekanjyvät katseiltamme piiloutuvat helmiäisvaippaan.

Vähän tarvitsemme, vähän saamme. Hieman lempeitä
vitsauksia tuiskujen jälkeen, tovin kulkeutua etäämmäs
mittaamme maata. Vähän tarvitsemme, paljon tahdomme.
Parhaat palamme nauloille ja vasaroille, leivän hädässä
työvalon yöhön vaikka jo huomenna luut tulevat toimeen.

Vähän tarvitsemme, paljon saamme. Yhden ystävän, joka
kirjoittaa laulun sanat niin kuin ne lausutaan. Vaarallisen
ystävän, jolla on pyöröovet, keittiössä melskaava suurperhe
ja toinen silmä sillä tavalla päässä, että kaikki näkevät. Ja
kun kompassit sekoavat, kukitettu kulkuneuvo kadun
poskessa juuri ja juuri, juuri ja juuri irti vieläviileästä
asfaltista. Peace.

Vääjäämättä valottuu pyhä neitsyt ja parvi lentäviä
lautasia muistomerkin ylle. Sitkeitä huhuja leviää
polttopisteistä, katoamisia ennen kärähtämistä,
savumerkkejä kirjastojen pihoilta. Merkitään muistioon
perityt instrumentit, hengen viheltävät luut. Kirjataan
muistovärssyillä mitatut minuutit, siekailematon käsiksi
käynti, anastus viihdekäyttöön. Mustasilmäiset
kohtalottaret, jotka eivät koskaan saaneet nimiä niihin
papereihin. Tapahtui muuta, kun syvennyimme sakeaan
ilmaan, päättömiin turisteihin etsimissä. Illan
jyrkänparrasvalossa jotain kitukasvuista venyy
häiritsevästi pitkin prospektia, näin meidän kesken
ilmenee hetken hellänä ja julmana, haavoittuneena ja
ylpeänä. Taakseen vilkaisematta seuraa muiden
planeettojen muotia ulos ja ylös, loputtomiin pikkuhiluja
ja harha-askelia seuraavasta syntymästä sivuun. Hurjat
tytöt ja köyhät pojat, että ammoin sammuneista tähdistä
karisee tuhkaa ja nyt on melkein kevät taas. Että ei se ole
atomeita.
Uneksi oikein.

Pellon reunassa
mustana harmaassa
katsoo kohti
sarvissaan linnunrataa
kääntää kadotakseen
löytyäkseen
jättää sumuun aukon